Impressum
Verlag: BABADADA GmbH, Nedderfeld 112 , 22529 Hamburg
Geschäftsführer / Verlagsleitung: Harald Hof
Druck: Books on Demand GmbH, In de Tarpen 42, 22848 Norderstedt

Imprint
Publisher: BABADADA GmbH, Nedderfeld 112 , 22529 Hamburg, Germany
Managing Director / Publishing direction: Harald Hof
Print: Books on Demand GmbH, In de Tarpen 42, 22848 Norderstedt

koulu
məktəb

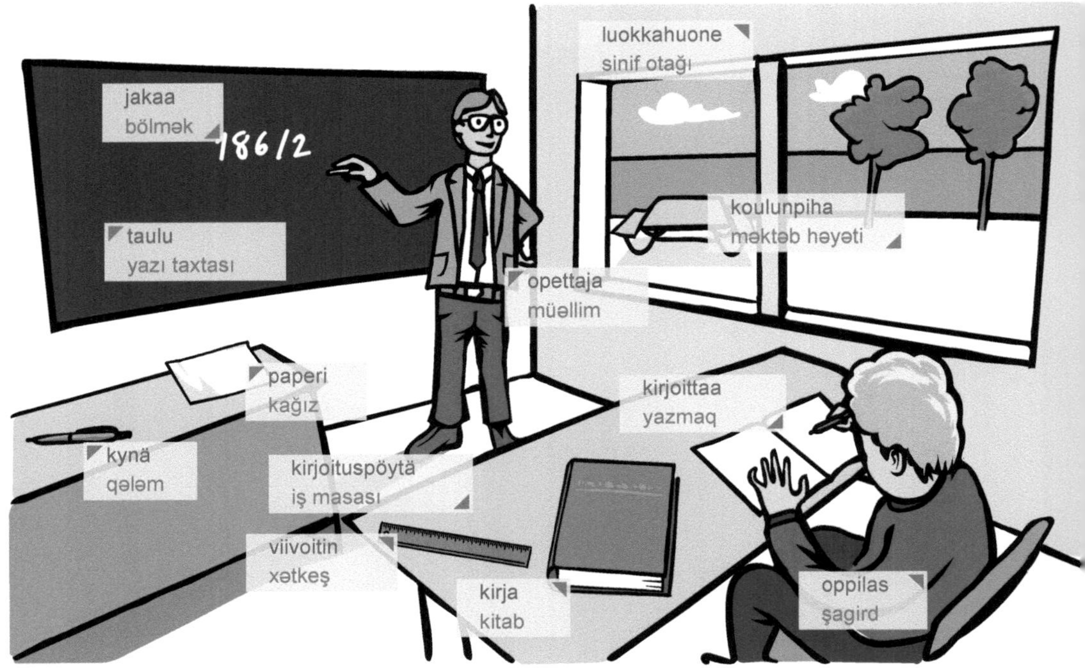

luokkahuone
sinif otağı
jakaa
bölmək
186/2
taulu
yazı taxtası
koulunpiha
məktəb həyəti
opettaja
müəllim
paperi
kağız
kirjoittaa
yazmaq
kynä
qələm
kirjoituspöytä
iş masası
viivoitin
xətkeş
kirja
kitab
oppilas
şagird

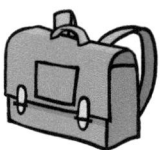

reppu

məktəbli çantası

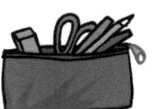

penaali

karandaş qabı

lyijykynä

karandaş

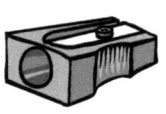

kynänteroitin

karandaş yonan

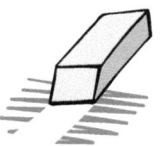

pyyhekumi

pozan

piirustuslehtiö

rəsm albomu

piirustus

rəsm

pensseli

boya fırçası

vesivärit

boya qutusu

sakset

qayçı

liima

yapışdırıcı

harjoituskirja

dəftər

kotitehtävä

ev tapşırığı

12

luku

say

2+2

lisätä

əlavə etmək

5-2

vähentää

çıxmaq

2×2

kertoa

vurmaq

laskea

hesablamaq

A

kirjain

hərf

ABCDEFG HIJKLMN OPQRSTU VWXYZ

aakkoset

əlifba

sana

söz

teksti

mətn

lukea

oxumaq

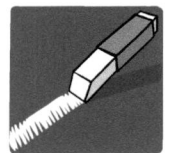

liitu

tabaşir

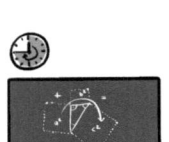

oppitunti

dərs

opettajan muistikirja

sinif jurnalı

koe

imtahan

todistus

təhsil haqqında sənəd

koulupuku

məktəb uniforması

koulutus

təhsil

sanakirja

ensiklopediya

yliopisto

universitet

mikroskooppi

mikroskop

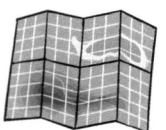

kartta

xəritə

roskakori

zibil qutusu

matka
səyahət

hotelli
mehmanxana
Grand
retkeilymaja
yataqxana
ROOMS
rahanvaihto
valyuta mübadiləsi məntəqəsi
EXCHANGE
matkalaukku
çamadan
auto
avtomobil

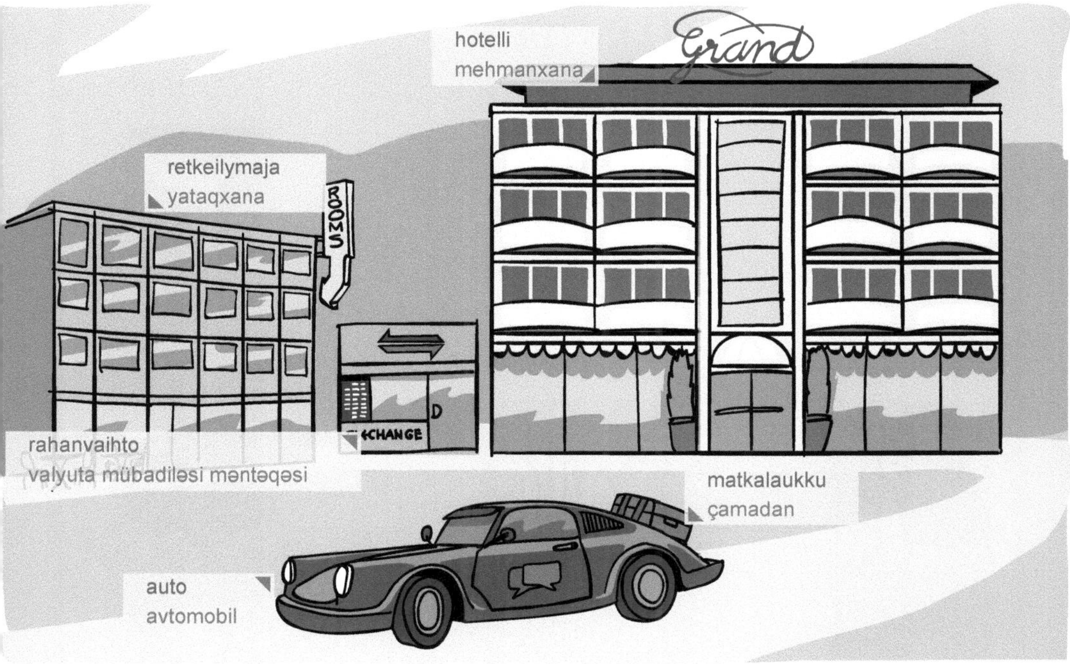

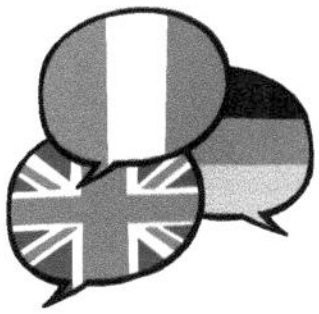

kieli

dil

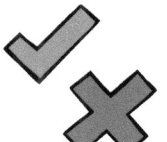

kyllä / ei

bəli/xeyr

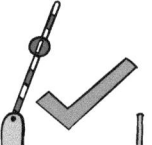

selvä

oldu

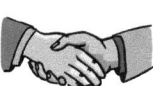

hei

salam

tulkki

tərcüməçi

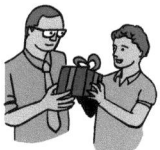

kiitos

Təşəkkür edirəm

Paljonko...maksaa?

giyməti nə qədərdir ...?

en ymmärrä

mən başa düşmürəm

ongelma

problem

Hyvää iltaa!

Axşamınız xeyir!

Hyvää huomenta!

Sabahınız xeyir!

Hyvää yötä!

Gecəniz xeyrə galsin!

näkemiin

hələlik

suunta

istiqamət

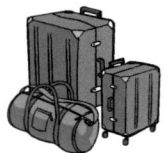

matkatavarat

baqaj

laukku

torba

reppu

kürək çantası

vieras

qonaq

huone

otaq

makuupussi

yataq-çuval

teltta

çadır

turisti-info

turistlər üçün məlumat

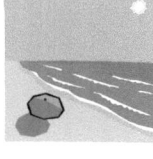

ranta

çimərlik

luottokortti

kredit kartı

aamupala

səhər yeməyi

lounas

günorta yeməyi

päivällinen

nahar yeməyi

matkalippu

bilet

hissi

lift

postimerkki

poçt markası

raja

sərhəd

tulli

gömrük

suurlähetystö

səfirlik

viisumi

viza

passi

pasport

kuljetus
nəqliyyat

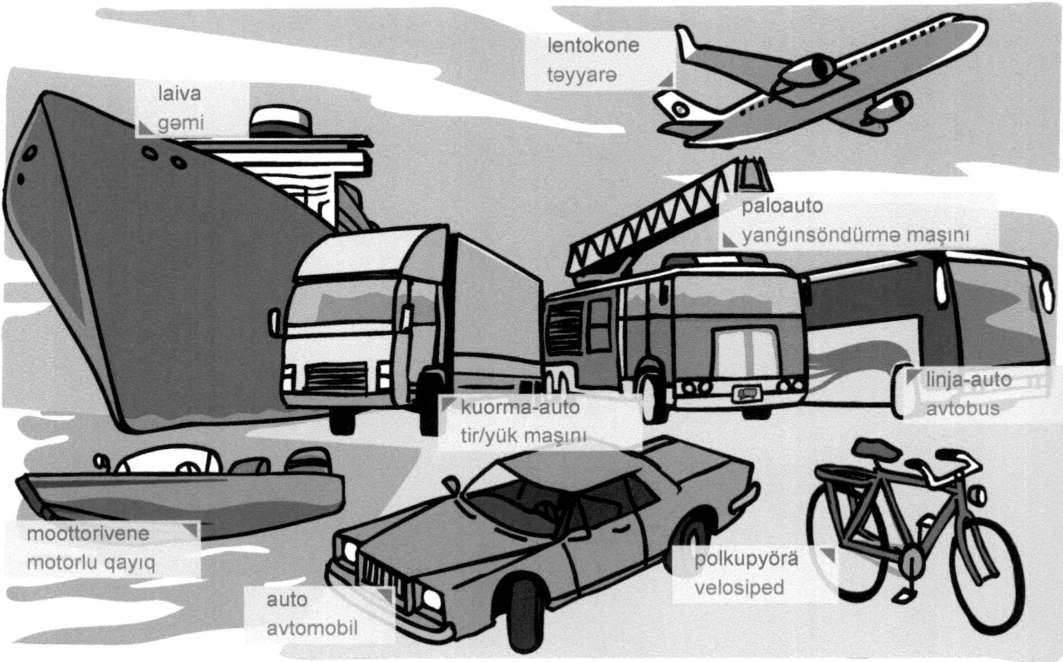
lentokone
təyyarə
laiva
gəmi
paloauto
yanğınsöndürmə maşını
linja-auto
avtobus
kuorma-auto
tir/yük maşını
moottorivene
motorlu qayıq
polkupyörä
velosiped
auto
avtomobil

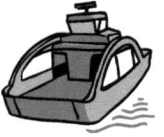

lautta

bərə

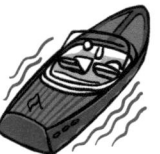

vene

qayıq

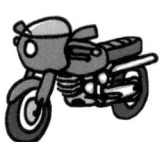

moottoripyörä

motosiklet

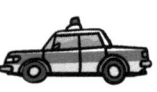

poliisiauto

polis avtomobili

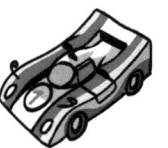

kilpa-auto

yarış avtomobili

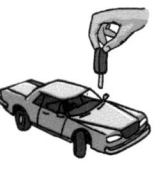

vuokra-auto

icarə avtomobili

car sharing

avtomobil icarəsi

hinausauto

texniki yardım maşını

roska-auto

zibil maşını

moottori

mühərrik

polttoaine

yanacaq

huoltoasema

benzin doldurma mənteqəsi

liikennemerkki

yol nişanı

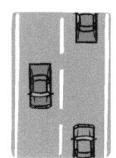

liikenne

yol hərəkəti

ruuhka

tıxac

parkkipaikka

avtomobil dayanacağı

rautatieasema

dəmir yolu stansiyası

raiteet

dəmiryol

juna

qatar

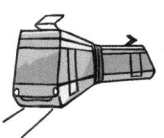

raitiovaunu

tramvay

vaunu

vaqon

helikopteri

helikopter

lentokenttä

hava limanı

lähilennonjohto

qüllə

matkustaja

sərnişin

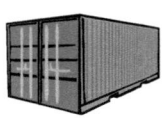

kontti

konteyner

pahvilaatikko

karton qutu

kärryt

əl arabası

kori

səbət

nousta / laskea

qalxmaq / enmək

kaupunki

şəhər

kylä

kənd

keskusta

şəhər mərkəzi

talo

ev

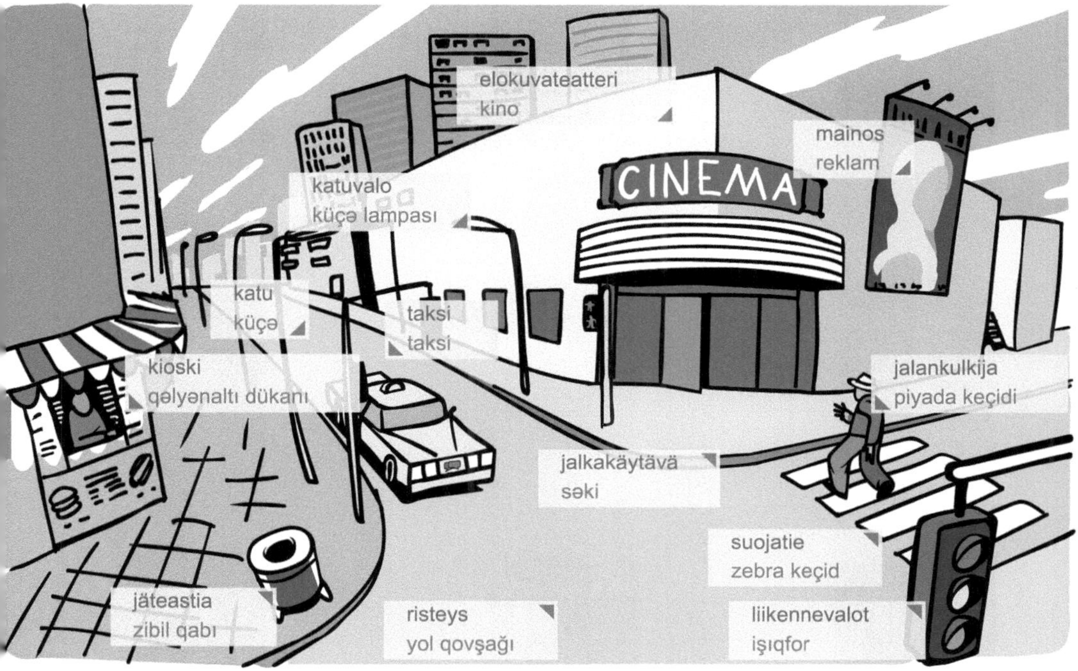

elokuvateatteri
kino

mainos
reklam

katuvalo
küçə lampası

CINEMA

katu
küçə

taksi
taksi

kioski
qəlyənaltı dükanı

jalankulkija
piyada keçidi

jalkakäytävä
səki

suojatie
zebra keçid

jäteastia
zibil qabı

risteys
yol qovşağı

liikennevalot
işıqfor

mökki
....
daxma

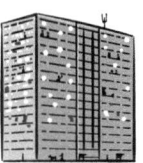

kerrostalo
....
mənzil

rautatieasema
....
dəmir yolu stansiyası

kaupungintalo
....
bələdiyyə binası

museo
....
muzey

koulu
....
məktəb

yliopisto

universitet

pankki

bank

sairaala

xəstəxana

hotelli

mehmanxana

apteekki

aptek

toimisto

ofis

kirjakauppa

kitab dükkanı

liike

dükan

kukkakauppa

çiçək dükanı

supermarketti

supermarket

tori

bazar

tavaratalo

univermaq

kalakauppias

balıq satıcısı

ostoskeskus

ticarət mərkəzi

satama

liman

puisto

park

penkki

oturacaq

silta

körpü

portaat

pilləkən

metro

metro

tunneli

tunel

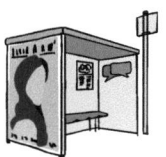

linja-autopysäkki

avtobus dayanacağı

baari

bar

ravintola

restoran

postilaatikko

poçt qutusu

katukyltti

küçə nişanı

parkkimittari

parkinq sayğacı

eläintarha

zoopark

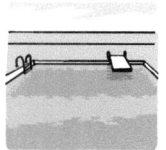

uimala

üzgüçülük hovuzu

moskeija

məscid

maatila

ferma

ympäristön saastuminen

ətraf mühitin çirklənməsi

hautausmaa

məzarlıq

kirkko

kilsə

leikkikenttä

oyun meydançası

temppeli

məbəd

maisema

mənzərə

lehti
yarpaq

tienviitta
yol nişanı

tie
yol

niitty
çəmən

kivi
daş

retkeilijä
piyada səyyah

puu
ağac

joki
çay

ruoho
ot

kukka
gül

laakso
vadi

vuori
təpə

järvi
göl

metsä
meşə

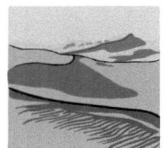

aavikko
səhra

tulivuori
vulkan

linna
qəsr

sateenkaari
göy qurşağı

sieni
göbələk

palmu
palma

hyttynen
ağcaqanad

kärpänen
milçək

muurahainen
qarışqa

mehiläinen
arı

hämähäkki
hörümçək

kovakuoriainen

böcək

sammakko

qurbağa

orava

dələ

siili

kirpi

jänis

dovşan

pöllö

bayquş

lintu

quş

joutsen

qu quşu

villisika

qaban

peura

maral

hirvi

sığın

pato

su bəndi

tuulimylly

külək turbini

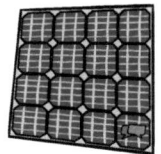

aurinkopaneeli

günəş batareyası

ilmasto

iqlim

ravintola
restoran

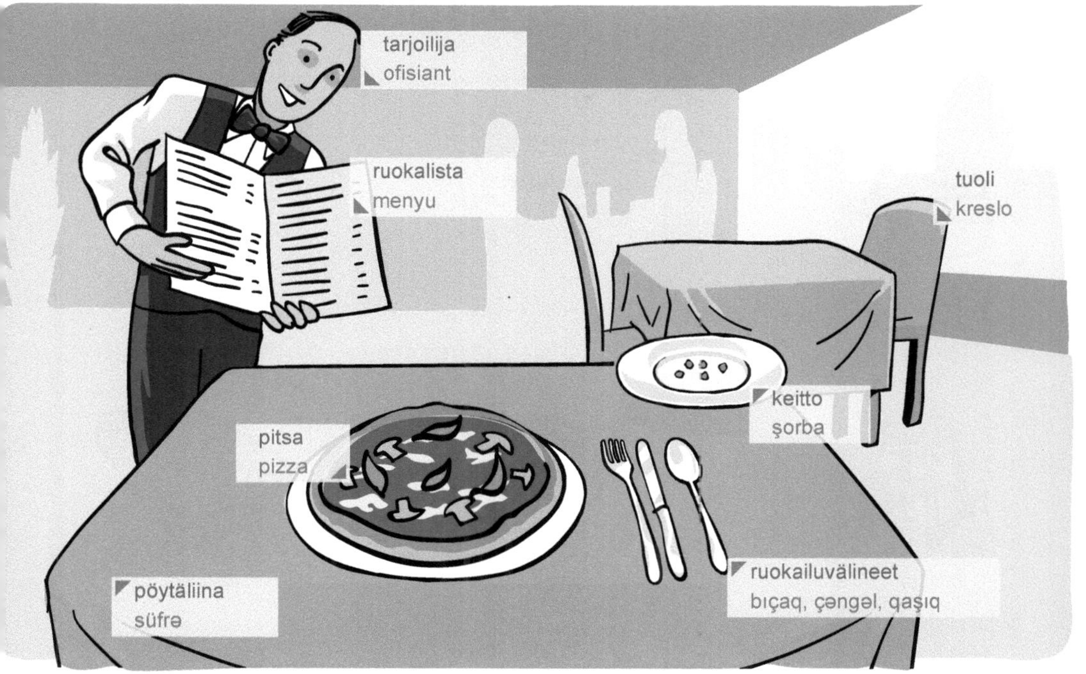
tarjoilija
ofisiant
ruokalista
menyu
tuoli
kreslo
keitto
şorba
pitsa
pizza
ruokailuvälineet
bıçaq, çəngəl, qaşıq
pöytäliina
süfrə

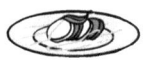

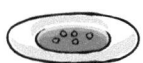

alkuruoka

mәzә

pääruoka

әsas yemәk

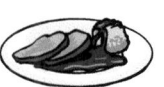

jälkiruoka

desert

juomat

içkilәr

ruoka

yemәk

pullo

şüşә

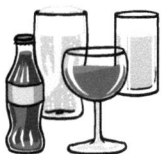

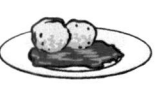

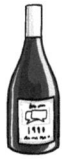

pikaruoka
fast food

katuruoka
küçə yeməkləri

teekannu
çaynik

sokeriastia
qəndqabı

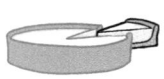

annos
pay

espressokeitin
espresso maşını

syöttötuoli
hündür uşaq kreslosu

lasku
faktura

tarjotin
nimçə

veitsi
bıçaq

haarukka
çəngəl

lusikka
qaşıq

teelusikka
çay qaşığı

servietti
salfet

lasi
şüşə

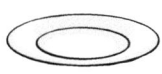

lautanen

boşqab

syvä lautanen

şorba boşqabı

aluslautanen

nəlbəki

kastike

sous

suolasirotin

duz qabı

pippurimylly

bibərüyüdən

etikka

sirkə

öljy

duru yağ

mausteet

ədviyyat

ketsuppi

ketçup

sinappi

xardal

majoneesi

mayonez

supermarketti
supermarket

tarjous
xüsusi təklif
FOR
asiakas
müştəri
maitotuotteet
süd məhsulları
hedelmät
meyvə
ostoskärryt
alış-veriş arabası

BUTCHERS

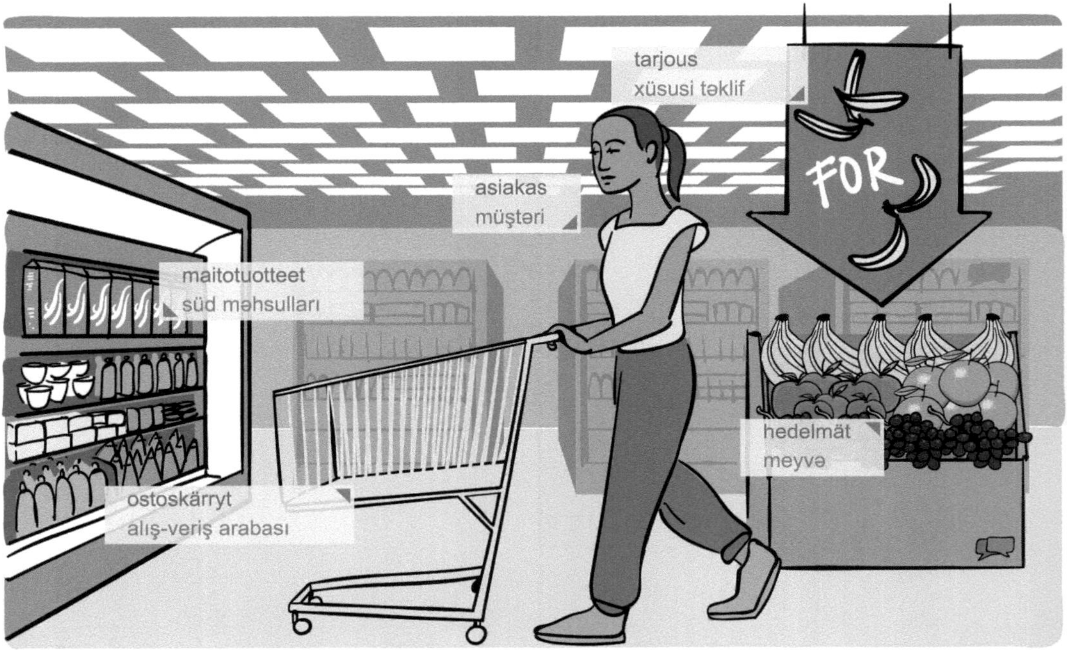

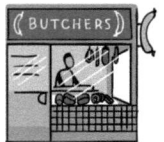

teurastamo

qəssab dükanı

BAKERY

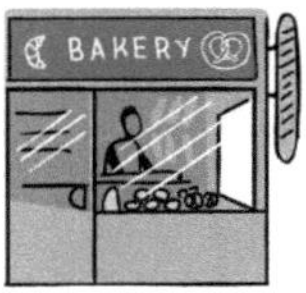

leipomo

çörəkçi

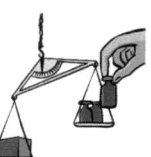

punnita

çəkmək

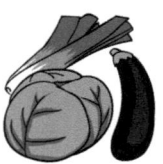

kasvikset

tərəvəz

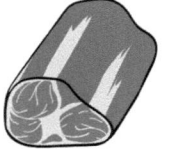

liha

ət

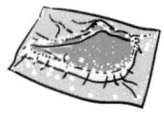

pakasteet

dondurulmuş qida

leikkele

soyuq ət yeməyi

säilykkeet

konservləşdirilmiş qida

pesujauhe

yuyucu toz

makeiset

şirniyyat

kotitaloustarvikkeet

təsərrüfat malları

puhdistusaineet

yuyucu vasitələr

myyjä

satıcı

kassa

kassa

kassanhoitaja

kassir

ostoslista

alış-veriş siyahısı

aukioloajat

iş saatları

lompakko

pul kisəsi

luottokortti

kredit kartı

kassi

torba

muovipussi

plastik torba

vesi

su

mehu

şirə

maito

süd

kokis

cola

viini

şərab

olut

pivə

alkoholi

alkoqollu içkilər

kaakao

kakao

tee

çay

kahvi

qəhvə

espresso

espresso

cappuccino

kapuçino

banaani

banan

omena

alma

appelsiini

portağal

meloni

yemiş

sitruuna

limon

porkkana

yerkökü

valkosipuli

sarımsaq

bambu

bambuq

sipuli

soğan

sieni

göbələk

pähkinät

qoz-fındıq

spagetti

əriştə

spagetti

spagetti

riisi

düyü

salaatti

salat

ranskalaiset

cips

paistetut perunat

qızardılmış kartof

pitsa

pizza

hampurilainen

hamburger

voileipä

sandviç

leike

eskalop

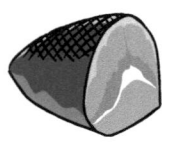

kinkku

hisə verilmiş donuz əti

salami

salyami

makkara

kolbasa

kana

toyuq

paisti

qızardılmış ət tikəsi

kala

balıq

kaurahiutaleet

yulaf yarması

mysli

müsli

murot

partlaq qarğıdalı

jauho

un

voisarvi

kruassan

sämpylä

bulka

leipä

çörək

paahtoleipä

tost

keksit

peçenye

voi

kərə yağı

rahka

kəsmik

kakku

tort

kananmuna

yumurta

paistettu kananmuna

qayğanaq

juusto

pendir

jäätelö

dondurma

sokeri

şəkər

hunaja

bal

hillo

mürəbbə

suklaapähkinälevite

şokolad pastası

curry

köri

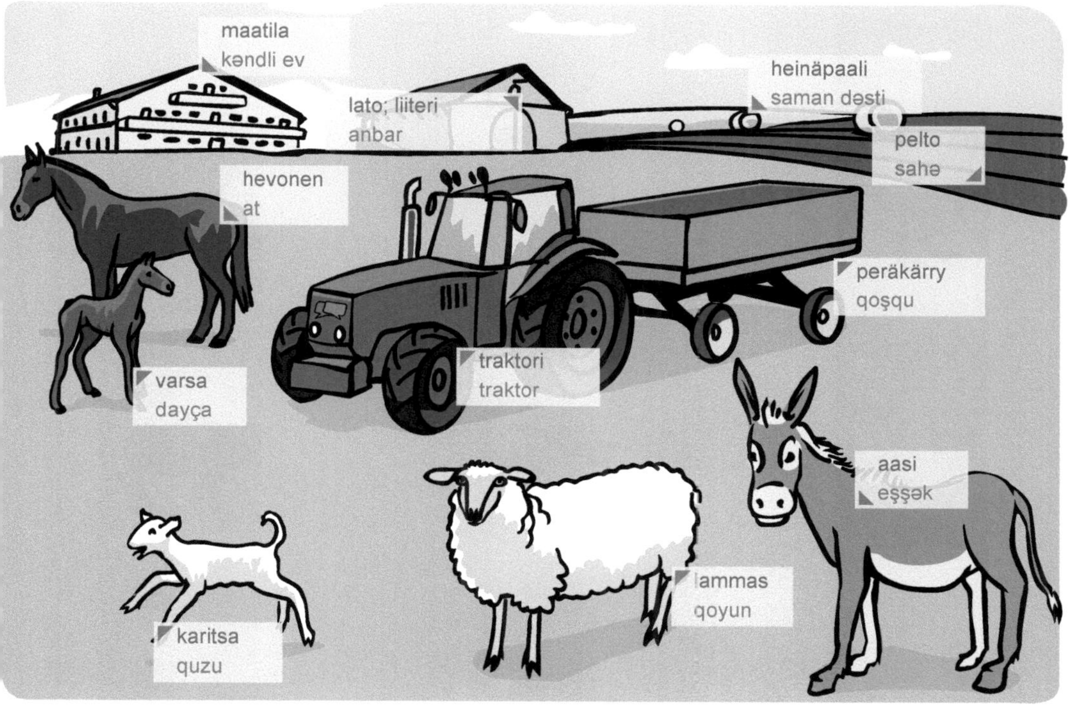

maatila
kəndli ev

lato; liiteri
anbar

heinäpaali
saman dəsti

pelto
sahə

hevonen
at

peräkärry
qoşqu

varsa
dayça

traktori
traktor

aasi
eşşək

karitsa
quzu

lammas
qoyun

vuohi
keçi

lehmä
inək

vasikka
dana

sika
donuz

porsas
donuz balası

sonni
öküz

hanhi

qaz

ankka

ördək

tipu

cücə

kana

toyuq

kukko

xoruz

rotta

siçovul

kissa

pişik

hiiri

siçan

härkä

öküz

koira

it

koirankoppi

itdamı

puutarhaletku

bağ şlanqı

kastelukannu

susəpən

viikate

dəryaz

aura

kotan

sirppi

oraq

kuokka

kətman

talikko

yaba

kirves

balta

kottikärryt

əl arabası

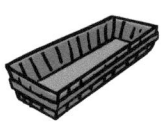

kaukalo

çalov

maitokannu

süd bidonu

säkki

çuval

aita

çəpər

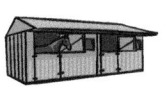

talli

tövlə

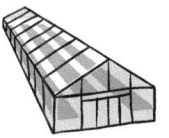

kasvihuone

istixana

maa

torpaq

siemen

toxum

lannoite

gübrə

leikkuupuimuri

taxılbiçən kombayn

kerätä sato

məhsul yığmaq

sato

məhsul yığımı

jamssit

yam

vehnä

buğda

soija

soya

peruna

kartof

maissi

dən

rypsi

raps

hedelmäpuu

meyvə ağacı

maniokki

maniok

vilja

yarma

savupiippu
baca

katto
dam

sadevesikouru
drenaj borusu

ikkuna
pəncərə

autotalli
qaraj

ovikello
qapı zəngi

ovi
qapı

roska-astia
zibil vedrəsi

postilaatikko
poçt qutusu

puutarha
bağ

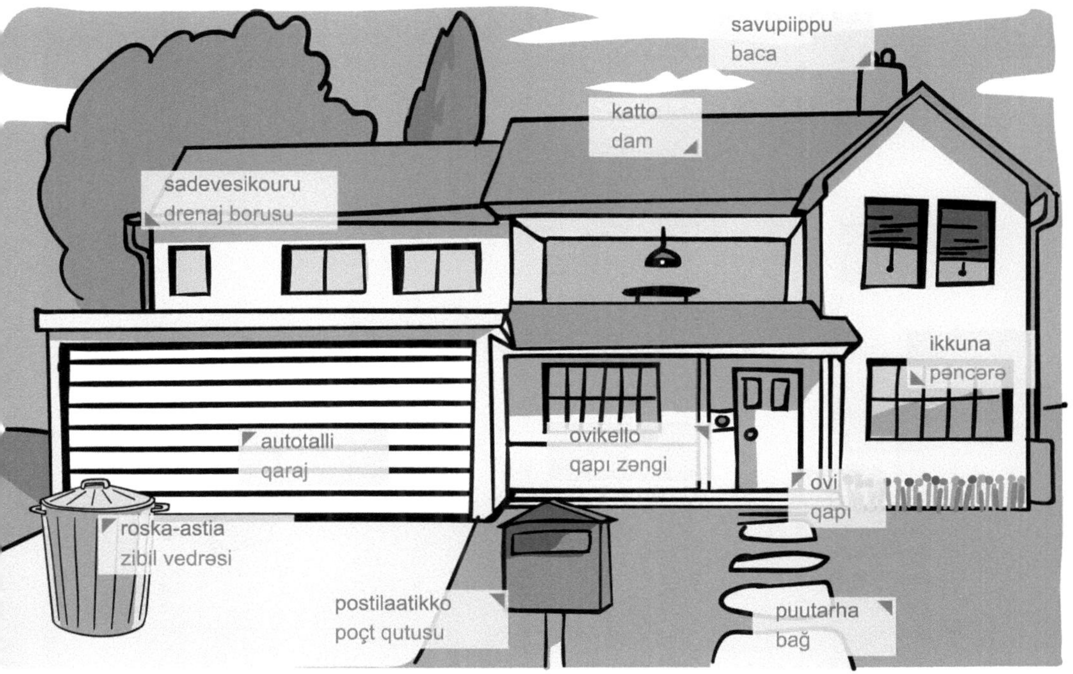

olohuone

qonaq otağı

kylpyhuone

hamam otağı

keittiö

mətbəx

makuuhuone

yataq otağı

lastenhuone

uşaq otaqı

ruokahuone

yemək otağı

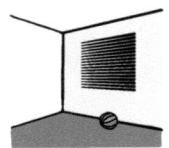

lattia

döşəmə

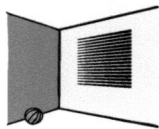

seinä

divar

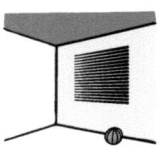

katto

tavan

kellari

zirzəmi

sauna

sauna

parveke

balkon

terassi

terras

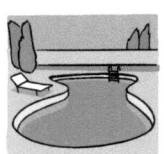

uima-allas

üzgüçülük hovuzu

ruohonleikkuri

otbiçən maşın

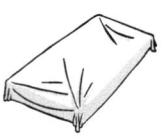

lakana

mələfə

päiväpeitto

yataq örtüyü

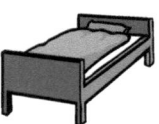

sänky

yataq

harja

süpürgə

ämpäri

vedrə

katkaisin

elektrik açarı

olohuone
qonaq otağı

tapetti
divar kağızı
kuva
şəkil
lamppu
lampa
hylly
rəf
kaappi
şkaf
televisio
televiziya
takka
buxarı
kukka
gül
tyyny
yastıq
sohva
divan
maljakko
vaza
kaukosäädin
uzaqdan idarəetmə

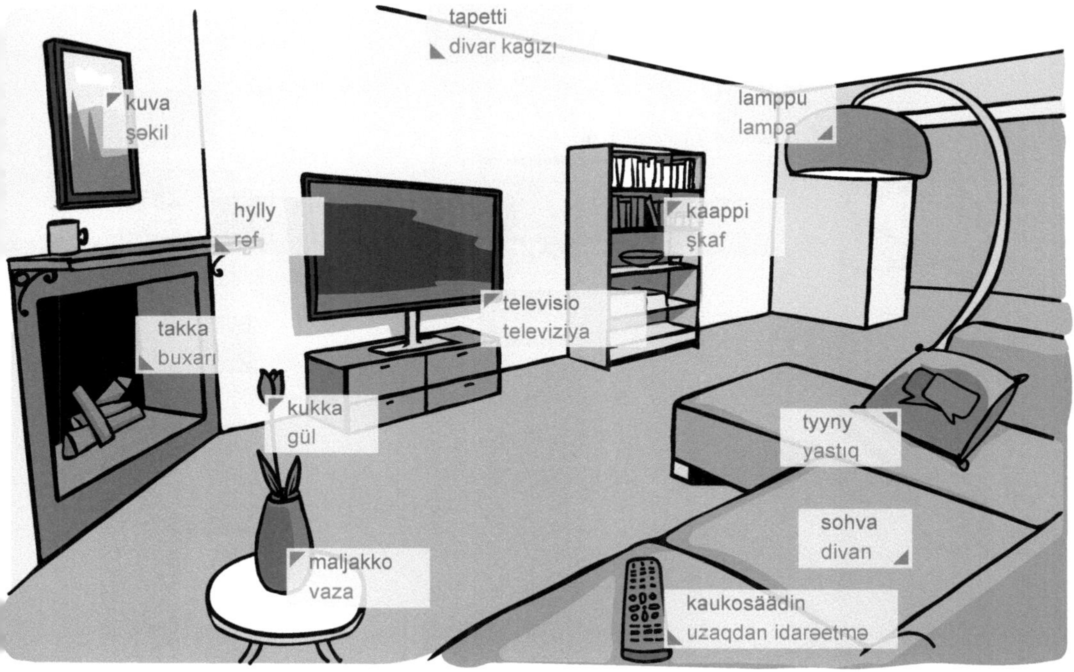

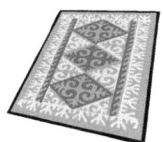

matto
xalça

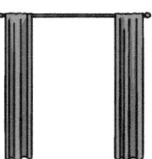

verho
pərdə

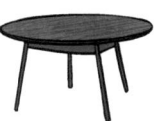

pöytä
masa

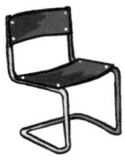

tuoli
kreslo

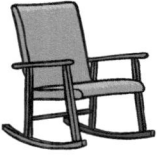

keinutuoli
yırğalanan stul

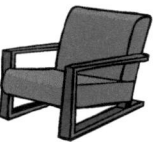

nojatuoli
kreslo

kirja

kitab

peitto

yorğan

koriste

bəzək

polttopuut

odun

elokuva

film

stereot

stereo səs sistemi

avain

açar

sanomalehti

qəzet

maalaus

rəsm əsəri

juliste

plakat

radio

radio

muistivihko

bloknot

pölynimuri

tozsoran

kaktus

kaktus

kynttilä

şam

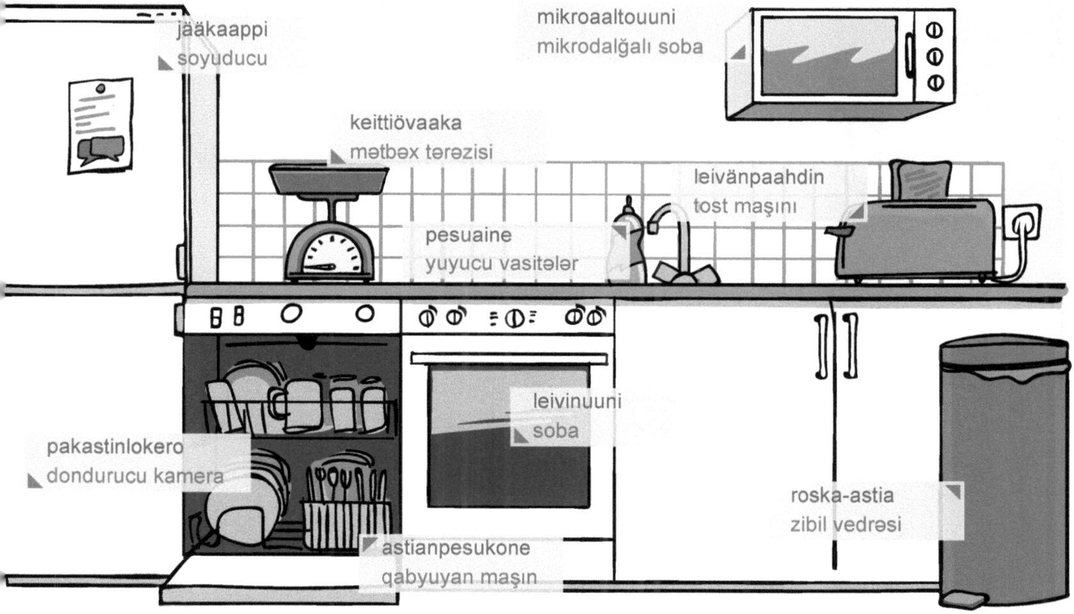

jääkaappi
soyuducu

mikroaaltouuni
mikrodalğalı soba

keittiövaaka
mətbəx tərəzisi

leivänpaahdin
tost maşını

pesuaine
yuyucu vasitələr

leivinuuni
soba

pakastinlokero
dondurucu kamera

roska-astia
zibil vedrəsi

astianpesukone
qabyuyan maşın

liesi
·············
soba

kattila
·············
qazan

rautapata
·············
çuqun qazan

vokkipannu / kadai-pannu
·············
vok / kadai

paistinpannu
·············
tava

teepannu
·············
çaydan

höyrykeitin

buxar qazanı

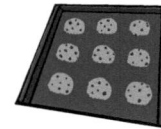

uunipelti

sac

astiat

qab

muki

fincan

kulho

ləyən

syömäpuikot

yemək üçün çubuqlar

kauha

çömçə

paistinlasta

spatula

vispilä

çırpıcı

siivilä

süzgəc

siivilä

ələk

raastin

sürtgəc

mortteli

həvəngdəstə

grilli

barbekyu

avotuli

ocaq

leikkuulauta

doğrama taxtası

kaulin

oxlov

korkinavaaja

probkaçıxaran

purkki

banka

purkinavaaja

bankaağzıaçan

pannulappu

qabtutan

lavuaari

əl üz yuyan

tiskiharja

fırça

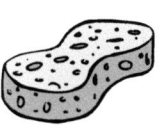

pesusieni

süngər

tehosekoitin

blender

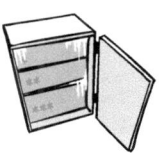

pakastin

dondurucu

tuttipullo

körpə şüşəsi

vesihana

kran

kylpyhuone
hamam otağı

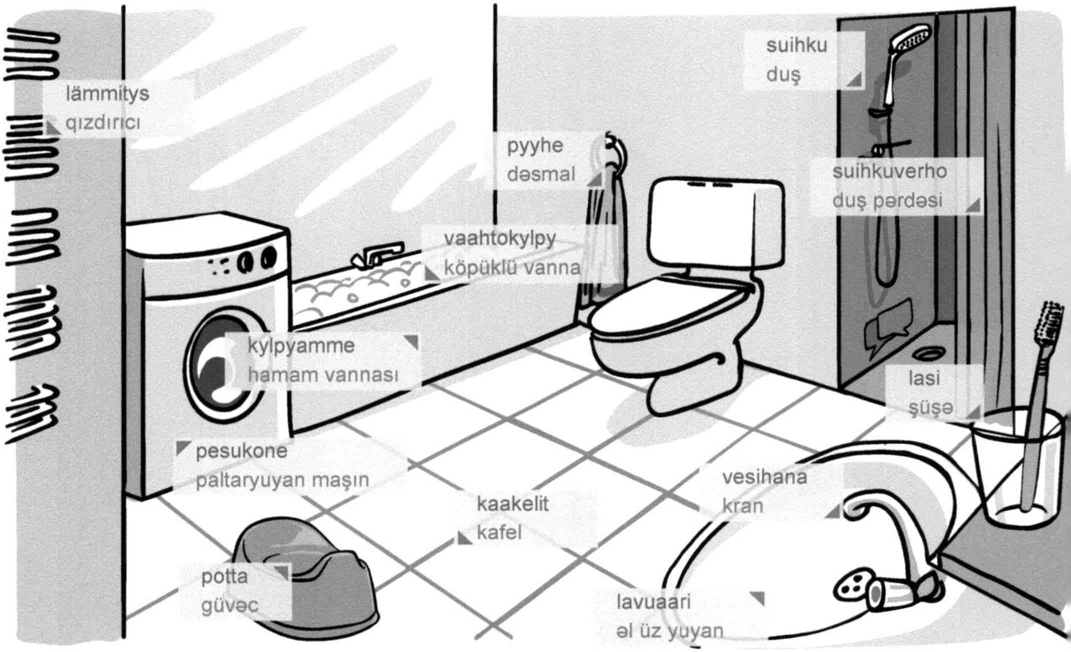

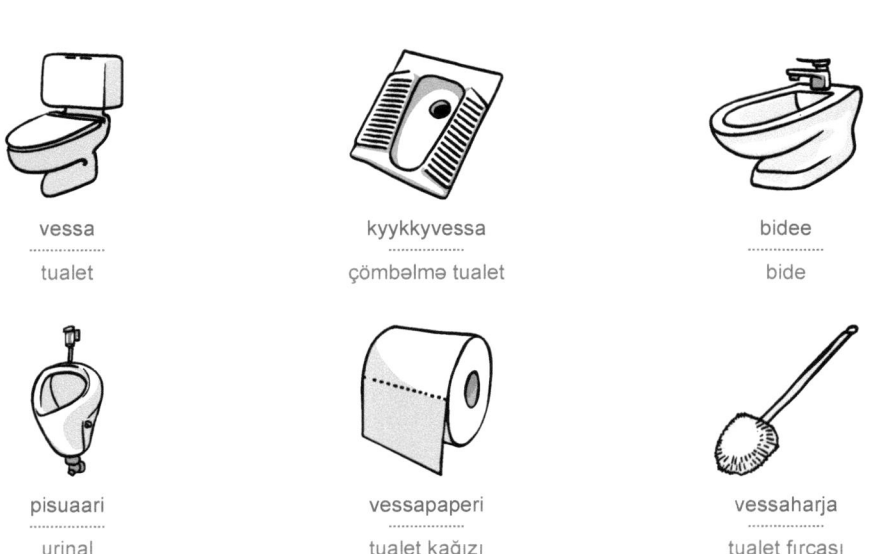

lämmitys
qızdırıcı
suihku
duş
pyyhe
dəsmal
suihkuverho
duş pərdəsi
vaahtokylpy
köpüklü vanna
kylpyamme
hamam vannası
lasi
şüşə
pesukone
paltaryuyan maşın
vesihana
kran
kaakelit
kafel
potta
güvəc
lavuaari
əl üz yuyan

vessa
tualet

kyykkyvessa
çömbəlmə tualet

bidee
bide

pisuaari
urinal

vessapaperi
tualet kağızı

vessaharja
tualet fırçası

hammasharja
diş fırçası

hammastahna
diş pastası

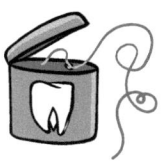

hammaslanka
diş ipi

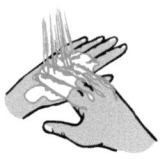

pestä
yumaq

käsisuihku
əl duşu

intiimisuihku
intim duş

pesuvati
taz

selkäharja
bel fırçası

saippua
sabun

suihkugeeli
duş üçün gel

shampoo
şampun

pesulappu
əsgi

viemäri
drenaj

voide
krem

deodorantti
dezodorant

peili

güzgü

partavaahto

üz qırxmaq üçün köpük

partavesi

təraşdan sonra su

kampa

daraq

harja

fırça

hiustenkuivaaja

fen

hiuslakka

saç spreyi

meikki

makiyaj

huulipuna

dodaq boyası

kynsilakka

dırnaq lakı

pumpuli

pambıq

kynsisakset

dırnaq qayçısı

hajuvesi

ətir

käsipeili

əl güzgüsü

partaveitsi

ülgüc

kosmetiikkalaukku

gigiyenik torba

jakkara

kətil

vaaka

tərəzi

kylpytakki

hamam xalatı

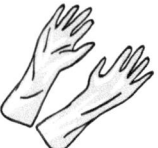

kumihansikkaat

rezin əlcək

tamponi

tampon

terveysside

gigiyenik salfet

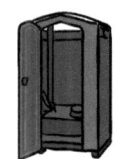

kemiallinen wc

kimyəvi tualet

lastenhuone

uşaq otaqı

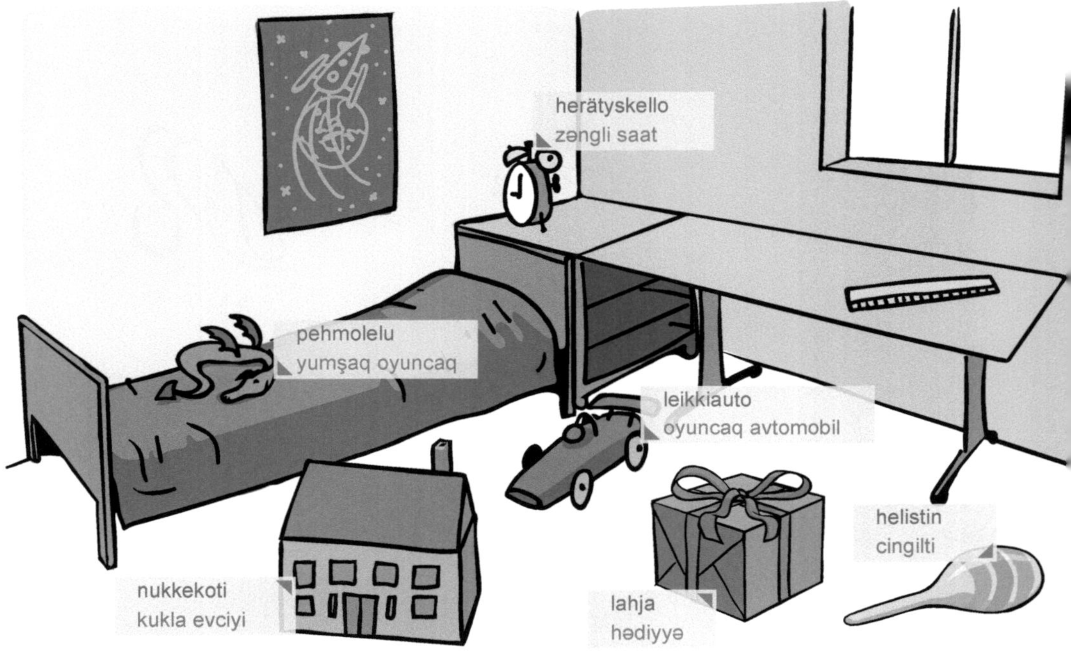
herätyskello
zəngli saat
pehmolelu
yumşaq oyuncaq
leikkiauto
oyuncaq avtomobil
helistin
cingilti
nukkekoti
kukla evciyi
lahja
hədiyyə

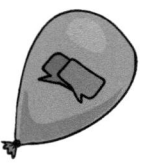

ilmapallo

balon

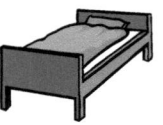

sänky

yataq

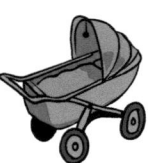

lastenvaunut

uşaq arabası

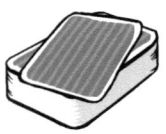

korttipeli

kart dəsti

palapeli

elektrik mişarı

SUPER
MEGA

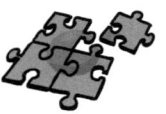

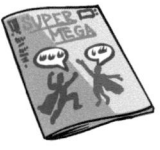

sarjakuva

komik

legopalikat

leqo kərpici

rakennuspalikat

konstruktor blokları

supersankari

oyuncaq-personaj

potkupuku

yeni doğulmuş körpələr
üçün geyimi

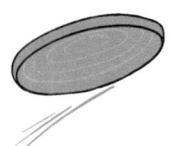

frisbee

frisbi

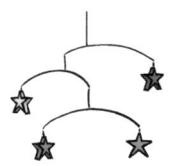

mobile

yataq üstünə asılan körpə
oyuncağı

lautapeli

masaüstü oyun

noppa

zər

pienoisjunarata

oyuncaq qatar

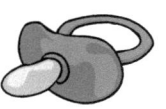

tutti

emzik

juhlat

qonaqlıq

kuvakirja

rəsmli kitab

pallo

top

nukke

kukla

leikkiä

oynamaq

hiekkalaatikko

qum qutusu

keinu

yelləncək

lelut

oyuncaqlar

pelikonsoli

video oyun konsolu

kolmipyörä

üç təkərli velosiped

nalle

plüşdən hazırlanmış
oyuncaq ayı

vaatekaappi

şkaf

vaatteet
geyim

sukat

corab

nylonsukat

corab

sukkahousut

kalqotka

kaulaliina
kaşne

sateenvarjo
çətir

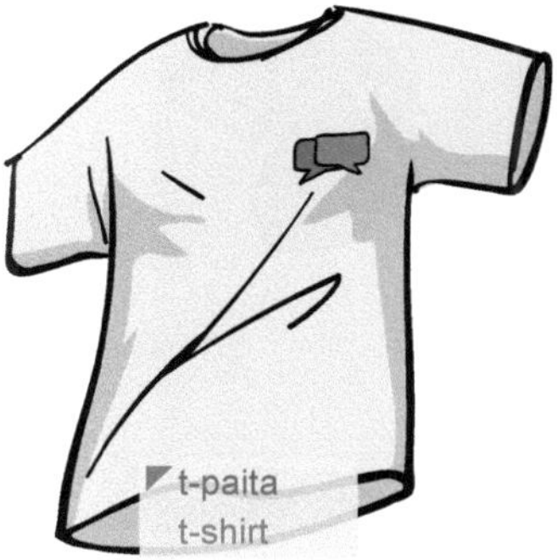

t-paita
t-shirt

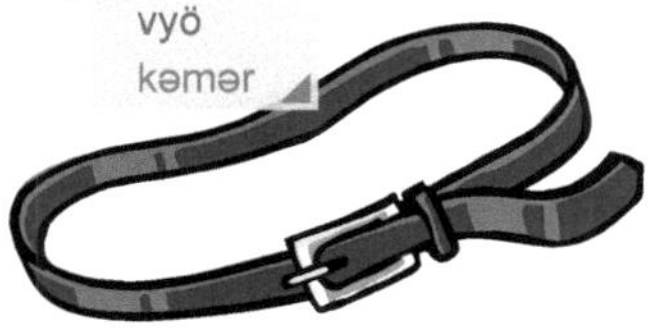

vyö
kəmər

saappaat
çəkmə

sisätossut
şəpit

lenkkarit
idman ayaqqabısı

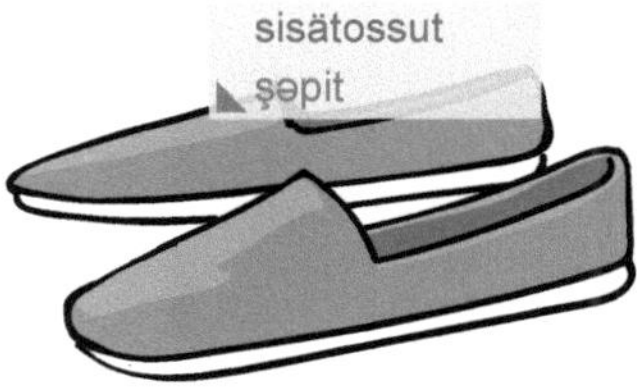

sandaalit
sandallar

kengät
ayaqqabı

kumisaappaat
rezin çəkmələr

alushousut
dizlik

rintaliivit
lifçik

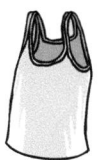

aluspaita
alt köynəyi

body

alt paltarı

housut

şalvar

farkut

cins

hame

yubka

pusero

bluza

paita

köynək

villapaita

sviter

collegepaita

başlıqlı idman gödəkçəsi

jakku

gödəkçə

takki

gödəkcə

takki

pencək

sadetakki

plaş

puku

kostyum

mekko

paltar

hääpuku

gəlin paltarı

puku

kostyum

yöpaita

gecə köynəyi

pyjama

pijama

shari

sari

päähuivi

hicab / eşarp

turbaani

çalma

burka

burka

kaftaani

kaftan

abaya

abaya

uimapuku

çimərlik geyimi

uimahousut

tumuş

shortsit

şort

verkkarit

məşq kostyumu

esiliina

önlük

käsineet

əlcək

nappi

düymə

silmälasit

eynək

rannekoru

bilərzik

kaulakoru

boyunbağı

sormus

üzük

korvakoru

sırğa

lippalakki

papaq

ripustin

asılqan

hattu

papaq

solmio

qalstuk

vetoketju

zəncirbənd

kypärä

dəbilqə

henkselit

aşırma

koulupuku

məktəb uniforması

univormu

uniforma

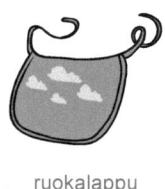

ruokalappu

döşlük

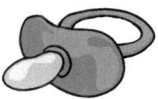

tutti

emzik

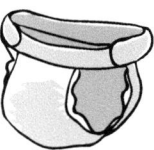

vaippa

körpə bezi

toimisto
ofis

palvelin
server
asiakirjakaappi
arxiv şkafı
tulostin
printer
paperi
kağız
näyttö
monitor
kirjoituspöytä
iş masası
hiiri
siçan
kansio
qovluq
näppäimistö
klaviatura
roskakori
zibil qutusu
tietokone
kompyuter
tuoli
stul

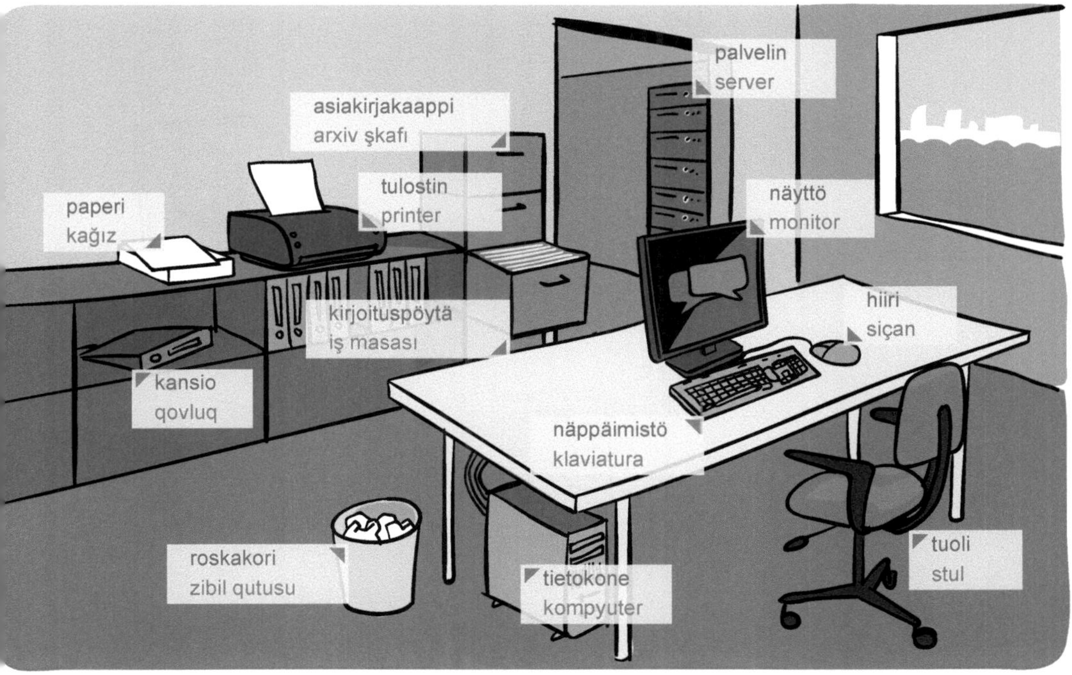

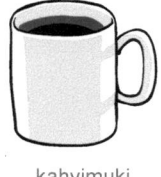

kahvimuki

qəhvə fincanı

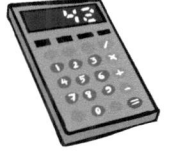

taskulaskin

kalkulyator

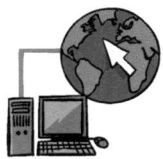

internet

internet

kannettava tietokone

laptop

kirje

məktub

viesti

mesaj

kännykkä

mobil telefon

verkko

şəbəkə

kopiokone

surətçıxaran maşın

ohjelmisto

proqram təminatı

puhelin

telefon

pistorasia

ştepsel

faksi

faks

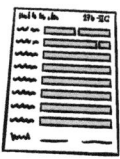

lomake

forma

asiakirja

sənəd

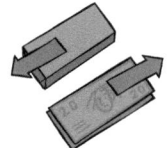

ostaa

satın almaq

maksaa

ödəmək

vaihtaa

alverlə məşğul olmaq

raha

pul

USD

dollari

dollar

EUR

euro

avro

JPY

jeni

yen

RUB

rupla

rubl

CHF

frangi

frank

CNY

renminbi juan

renminbi yuan

INR

rupia

rupi

pankkiautomaatti

bankomat

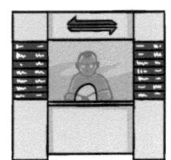

rahanvaihto

valyuta mübadiləsi məntəqəsi

kulta

qızıl

hopea

gümüş

öljy

neft

energia

enerji

hinta

qiymət

sopimus

müqavilə

vero

vergi

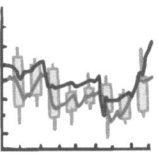

osake

səhm

työskennellä

işləmək

työntekijä

işçi

työnantaja

işəgötürən

tehdas

fabrik

liike

dükan

poliisi
polis əmekdaşı

palomies
yanğınsöndürən

kokki
aşbaz

lääkäri
həkim

lentäjä
pilot

puutarhuri

bağban

puuseppä

dülgər

ompelija

dərzi

tuomari

hakim

kemisti

kimyaçı

näyttelijä

aktyor

linja-autonkuljettaja

avtobus sürücüsü

taksinkuljettaja

taksi sürücüsü

kalastaja

balıqçı

siivooja

xadimə

katontekijä

dam işçisi

tarjoilija

ofisiant

metsästäjä

ovçu

maalari

rəssam

leipuri

çörəkçi

sähköasentaja

elektrik ustası

rakentaja

inşaat işçisi

insinööri

mühəndis

teurastaja

qəssab

putkiasentaja

santexnik

postinjakaja

poçtalyon

sotilas

əsgər

arkkitehti

memar

kassanhoitaja

kassir

floristi

gül-çiçək satıcısı

kampaaja

bərbər

konduktööri

konduktor

mekaanikko

mexanik

kapteeni

kapitan

hammaslääkäri

diş həkimi

tiedemies

alim

rabbi

ravvin

imaami

imam

munkki

rahib

pappi

keşiş

työkalut
alətlər

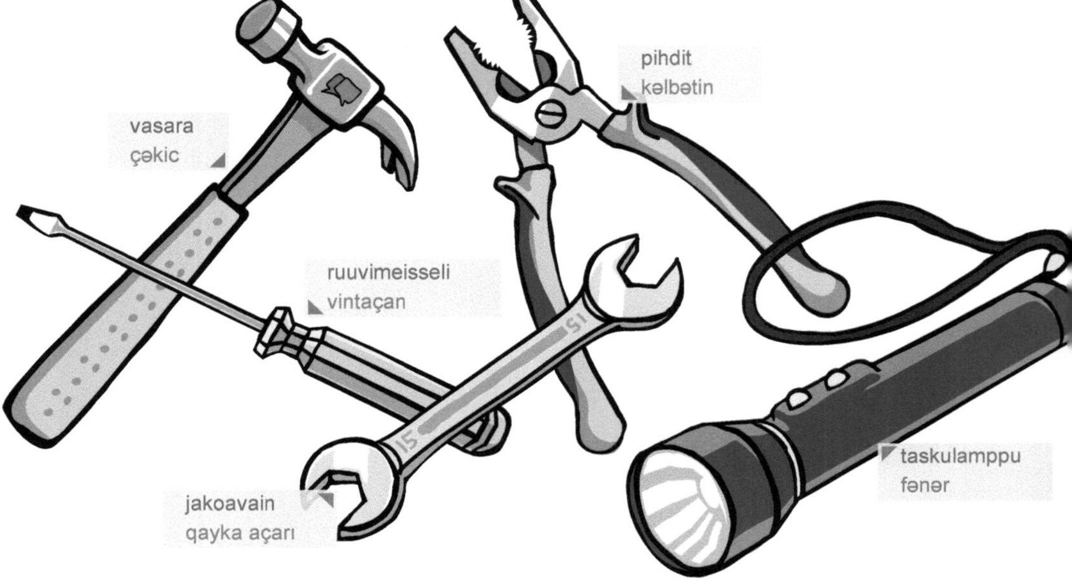
vasara
çəkic
pihdit
kəlbətin
ruuvimeisseli
vintaçan
jakoavain
qayka açarı
taskulamppu
fənər

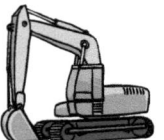

kaivinkone

ekskavator

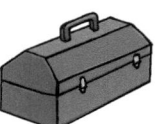

työkalupakki

alətlər qutusu

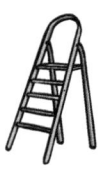

tikkaat

nərdivan

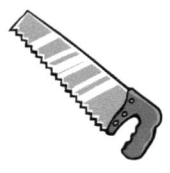

saha

mişar

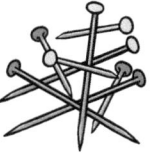

naulat

dırnaqlar

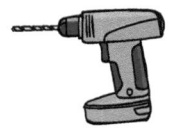

pora

drel

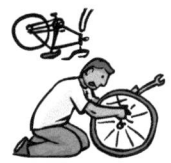

korjata

təmir etmək

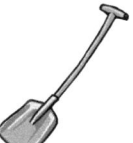

lapio

kürək

Hitto!

Lənət olsun!

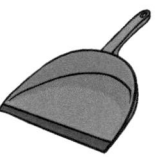

rikkalapio

xəkəndaz

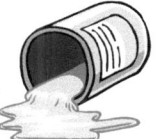

maalipurkki

boya vedrəsi

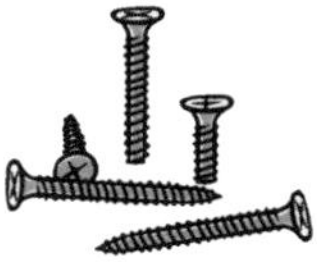

ruuvit

vintlər

soittimet

musiqi alətləri

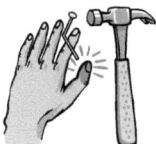

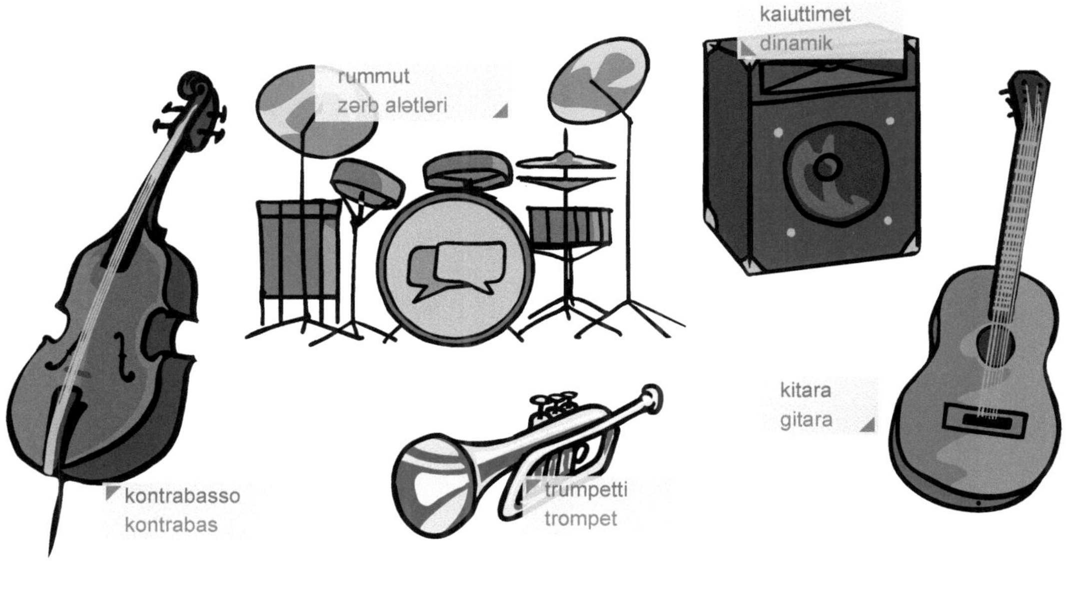
kaiuttimet
dinamik
rummut
zərb alətləri
kitara
gitara
kontrabasso
kontrabas
trumpetti
trompet

piano

fortepiano

viulu

skripka

basso

bas

patarummut

timpani

rumpu

nağara

kosketinsoitin

sintezator

saksofoni

saksafon

huilu

fleyta

mikrofoni

mikrofon

eläintarha

zoopark

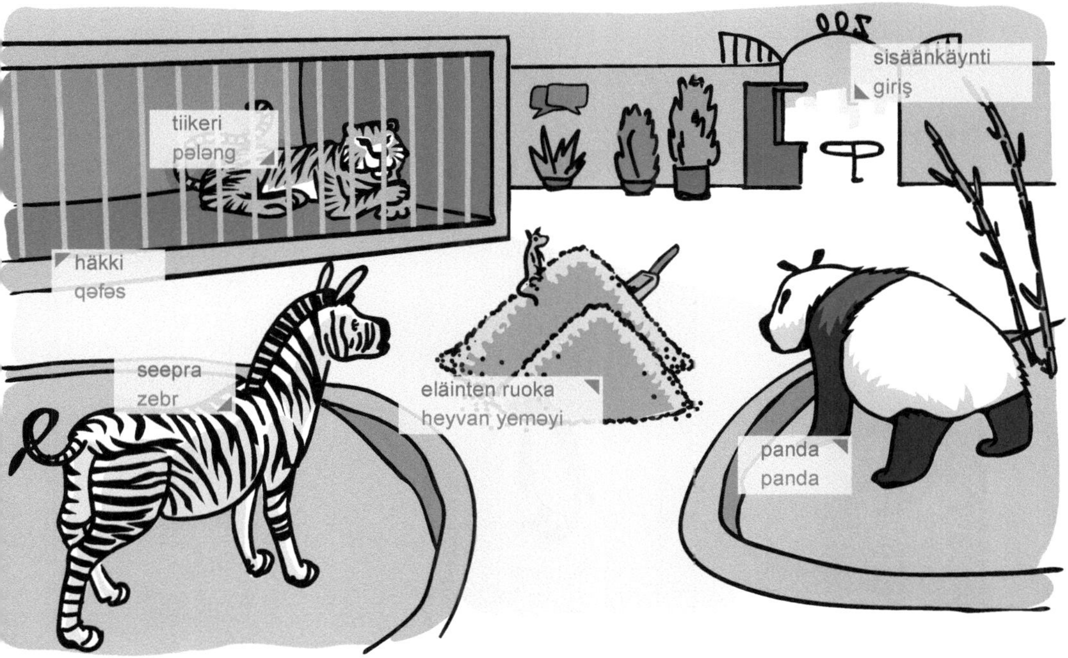
sisäänkäynti
giriş
tiikeri
pələng
häkki
qəfəs
seepra
zebr
eläinten ruoka
heyvan yeməyi
panda
panda

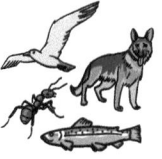

eläimet

heyvanlar

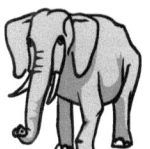

norsu

fil

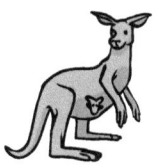

kenguru

kenquru

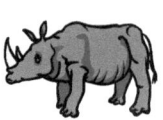

sarvikuono

kərgədan

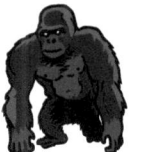

gorilla

qorilla

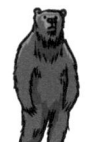

karhu

ayı

kameli

dəvə

strutsi

dəvəquşu

leijona

aslan

apina

meymun

flamingo

flamingo

papukaija

tutuquşu

jääkarhu

qütb ayısı

pingviini

pinqvin

hai

köpəkbalığı

riikinkukko

tovuz

käärme

ilan

krokotiili

timsah

eläintarhanhoitaja

zoopark işçisi

hylje

suiti

jaguaari

yaquar

poni

poni

leopardi

bəbir

virtahepo

hippopotam

kirahvi

zürafə

kotka

qartal

villisika

qaban

kala

balıq

kilpikonna

tısbağa

mursu

morj

kettu

tülkü

gaselli

ceyran

amerikkalainen jalkapallo
amerikan futbolu

pyöräily
velosiped sürmək

tennis
tennis

koripallo
basketbol

uinti
üzgüçülük

nyrkkeily
boks

jääkiekko
buz xokkeyi

jalkapallo
....
futbol

sulkapallo
....
badminton

yleisurheilu
....
yüngül atletika

käsipallo
....
həndbol

hiihto
....
xizək

poolo
....
polo

aktiviteetit
fəaliyyət

nauraa
gülmək
hypätä
tullanmaq
halata
qucaqlaşmaq
kävellä
getmək
laulaa
oxumaq
unelmoida
yuxu qörmək
rukoilla
dua etmək
suudella
öpüşmək

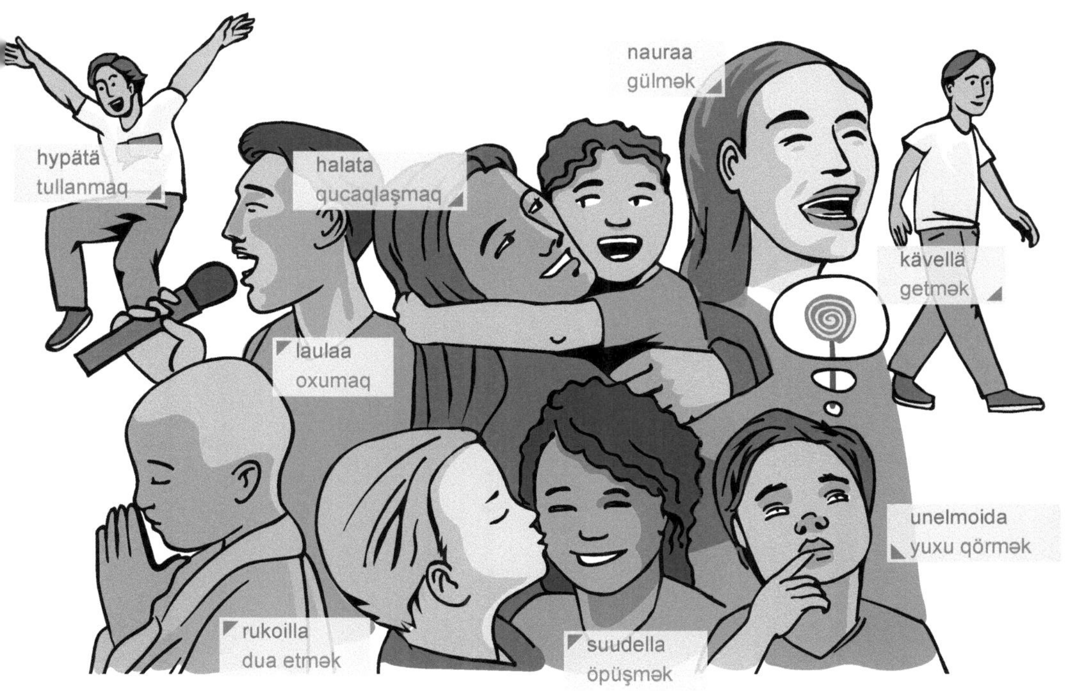

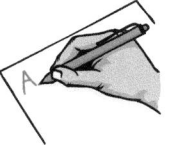

kirjoittaa

yazmaq

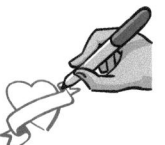

piirtää

çəkmək

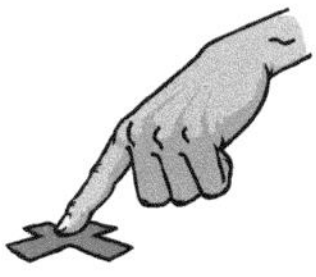

näyttää

göstərmək

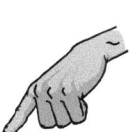

painaa

itələmək

antaa

vermək

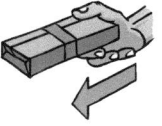

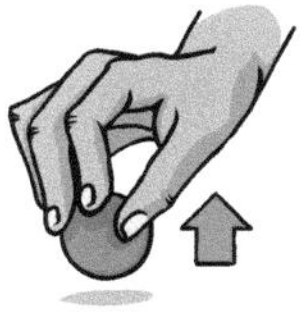

ottaa

götürmək

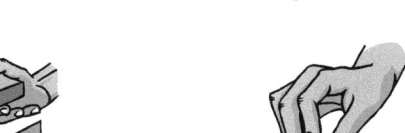

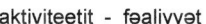

omistaa

sahibi olmaq

tehdä

etmək

olla

olmaq

seisoa

durmaq

juosta

qaçmaq

vetää

çəkmək

heittää

atmaq

kaatua

düşmək

maata

uzanmaq

odottaa

gözləmək

kantaa

daşımaq

istua

oturmaq

pukeutua

geyinmək

nukkua

yatmaq

herätä

ayılmaq

katsoa

baxmaq

itkeä

ağlamaq

silittää

sığallamaq

kammata

daramaq

puhua

danışmaq

ymmärtää

anlamaq

kysyä

soruşmaq

kuunnella

dinləmək

juoda

içmək

syödä

yemək

siivota

təmizləmək

rakastaa

sevmək

keittää

bişirmək

ajaa

sürmək

lentää

uçmaq

purjehtia

üzmək

laskea

hesablamaq

lukea

oxumaq

oppia

öyrənmək

työskennellä

işləmək

mennä naimisiin

evlənmək

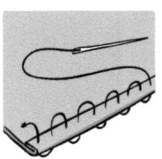

ommella

tikmək

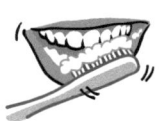

pestä hampaat

dişləri təmizləmək

tappaa

öldürmək

tupakoida

siqaret çəkmək

lähettää

göndərmək

perhe
ailə

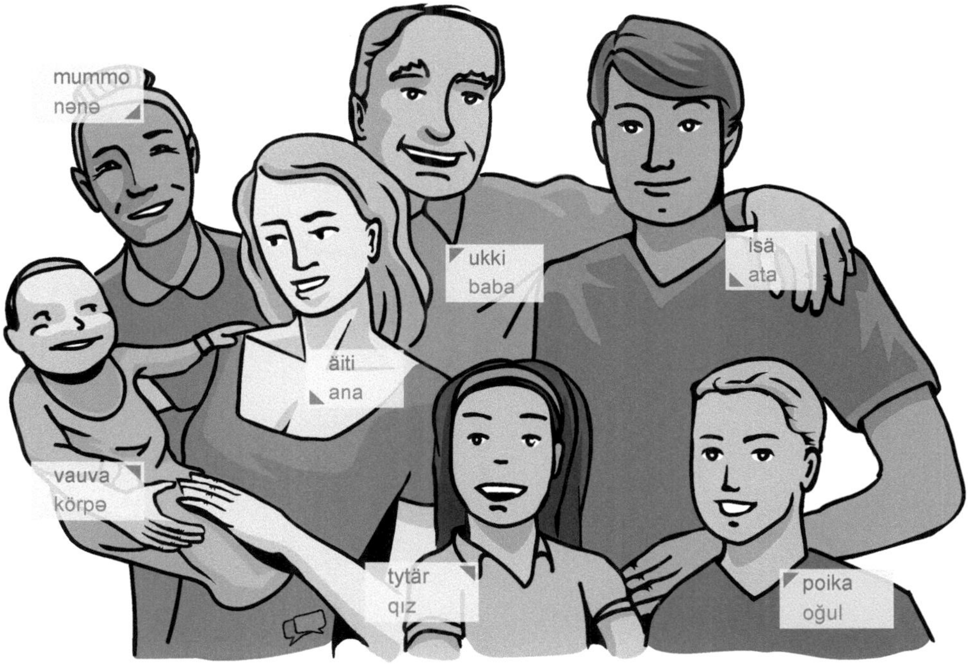

mummo
nənə
ukki
baba
isä
ata
äiti
ana
vauva
körpə
tytär
qız
poika
oğul

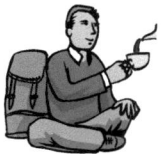

vieras

qonaq

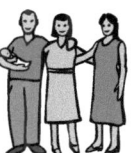

täti

xala/bibi

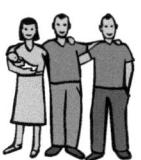

setä

əmi/dayı

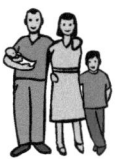

veli

qardaş

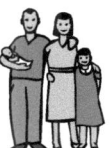

sisko

bacı

vartalo
bədən

otsa
alın
silmä
göz
olkapää
çiyin
sormet
barmaq
kasvot
üz
leuka
buxaq
käsi
əl
jalka
ayaq
rinta
döş
käsivarsi
qol

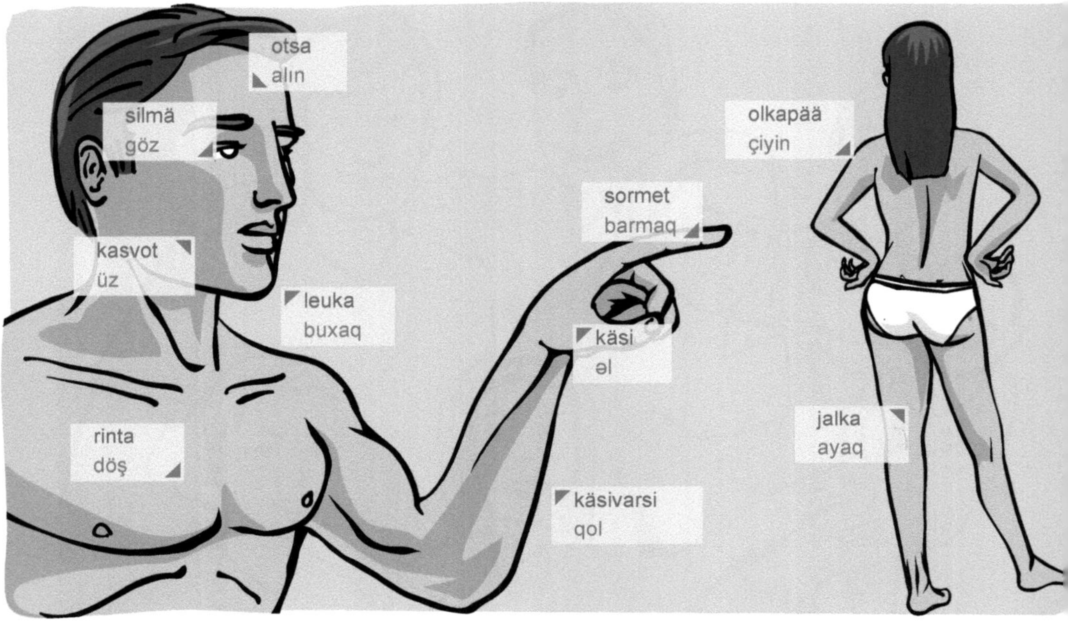

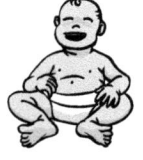

vauva
körpə

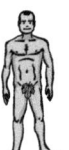

mies
kişi

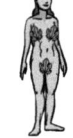

nainen
qadın

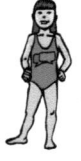

tyttö
qız

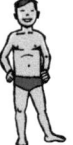

poika
oğlan

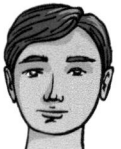

pää
baş

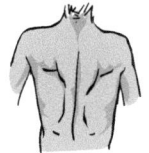

selkä

bel

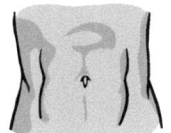

maha

qarın

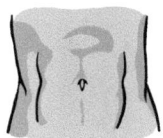

napa

göbək

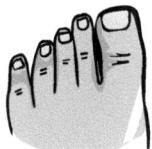

varvas

ayaq barmağı

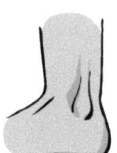

kantapää

daban

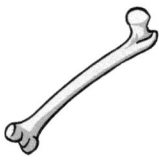

luu

sümük

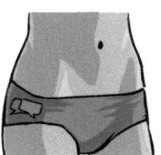

lantio

bud

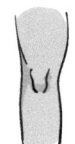

polvi

diz

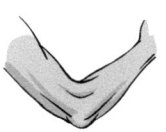

kyynärpää

dirsək

nenä

burun

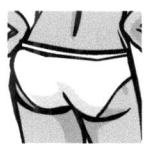

takapuoli

sağrı

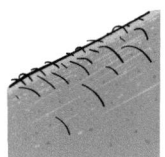

iho

dəri

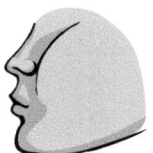

poski

yanaq

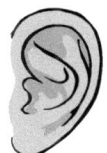

korva

qulaq

huuli

dodaq

suu

ağız

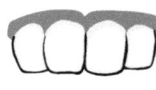

hammas

diş

kieli

dil

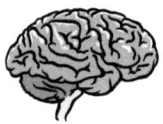

aivot

beyin

sydän

ürək

lihas

əzələ

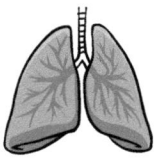

keuhkot

ağciyər

maksa

qaraciyər

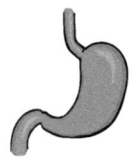

vatsa

mədə

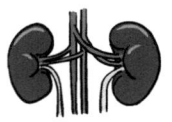

munuaiset

böyrəklər

seksi

cinsi yaxınlıq

kondomi

kondom

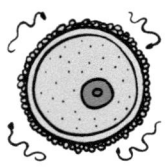

munasolu

qadın cinsi hüceyrə

sperma

sperma

raskaus

hamiləlik

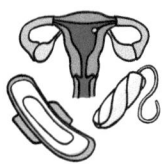

kuukautiset

aybaşı

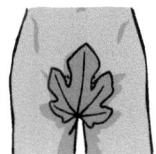

vagina

vagina

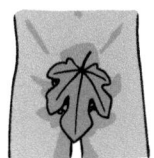

penis

penis

kulmakarvat

qaş

hiukset

saç

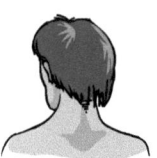

niska

boyun

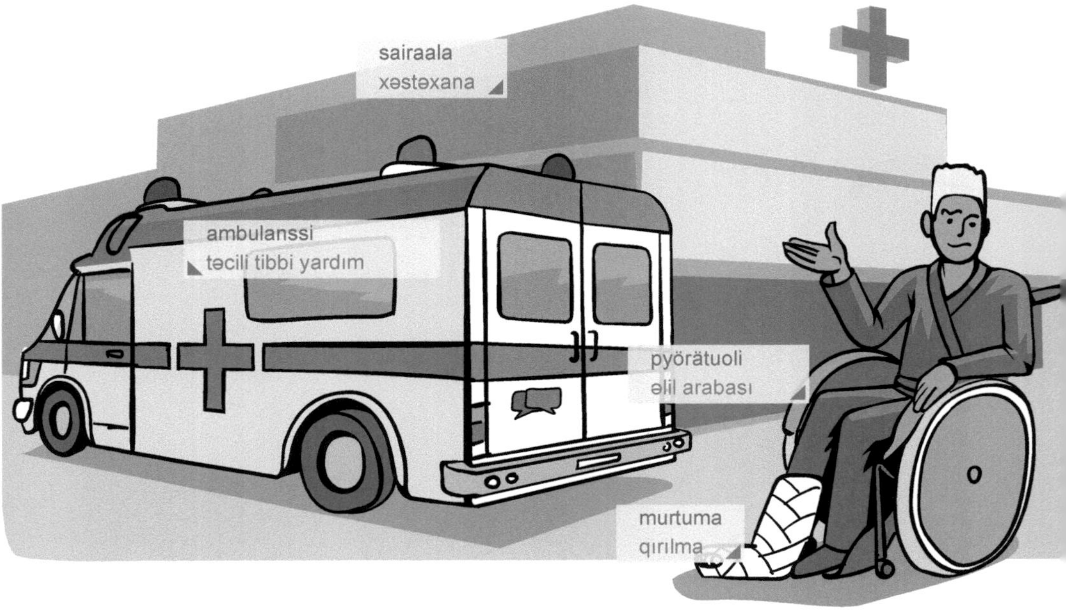

sairaala
xəstəxana

ambulanssi
təcili tibbi yardım

pyörätuoli
əlil arabası

murtuma
qırılma

lääkäri

həkim

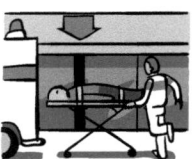

ensiapu

reanimasiya şöbəsi

sairaanhoitaja

tibb bacısı

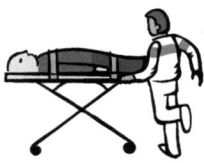

hätätilanne

fövqəladə hallar

tajuton

huşunu itirmiş

kipu

ağrı

vamma
zədə

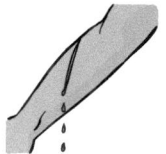

verenvuoto
qanaxma

sydänkohtaus
infarkt

aivoinfarkti
insult

allergia
allergiya

yskä
öskürək

kuume
qızdırma

flunssa
qrip

ripuli
ishal

päänsärky
başağrısı

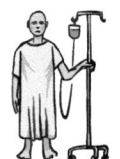

syöpä
xərçəng

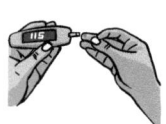

diabetes
şəkərli diabet

kirurgi
cərrah

veitsi
neştər

leikkaus
əməliyyat

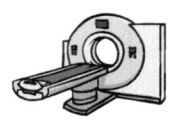

ct
CT

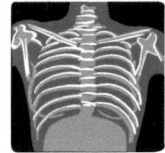

röntgen
rentgen

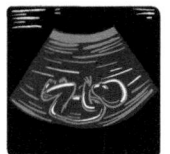

ultraääni
ultrasəs

maski
maska

sairaus
xəstəlik

odotushuone
gözləmə otağı

sauva
qoltuqağacı

laastari
plaster

side
sarğı

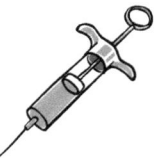

pistos
inyeksiya

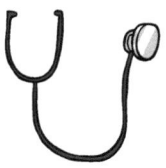

stetoskooppi
steteskop

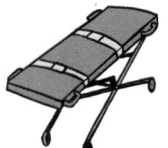

paarit
xərək

kuumemittari
hərarətölçən

syntymä
doğum

ylipaino
çəki artıqlığı

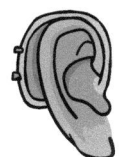

kuulolaite

eşitmə aparatı

desinfiointiaine

dezinfeksiyaedici

infektio

infeksiya

virus

virus

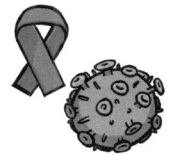

HIV / AIDS

QİÇS

lääke

tibb

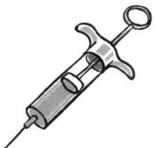

rokotus

peyvənd

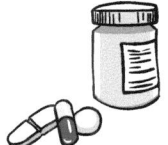

tabletit

həblər

pilleri

həb

hätäpuhelu

təcili zəng

verenpainemittari

qan təzyiqini ölçmək üçün cihaz

sairas / terve

xəstə / sağlam

Apua!

Kömək edin!

hälytys

həyəcan siqnalı

ryöstö

basqın

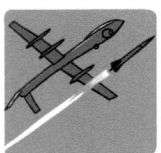

hyökkäys

hücum

vaara

təhlükə

hätäuloskäynti

ehtiyat çıxışı

Tulipalo!

Yanğın!

palosammutin

odsöndürən

onnettomuus

qəza

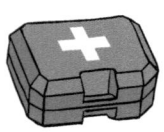

ensiapulaukku

ilkin yardım qutus

SOS

SOS

poliisilaitos

polis

Eurooppa

Avropa

Pohjois-Amerikka

Şimali Amerika

Etelä-Amerikka

Cənubi Amerika

Afrikka

Afrika

Aasia

Asiya

Australia

Avstraliya

Atlantin valtameri

Atlantik

Tyynimeri

Sakit Okean

Intian valtameri

Hind okeanı

Eteläinen jäämeri

Antarktika Okeanı

Pohjoinen jäämeri

Şimal Buzlu okeanı

pohjoisnapa

Şimal qütbü

etelänapa

Cənub qütbü

Antarktis

Antarktika

maa

Yer kürəsi

maa

ölkə

meri

dəniz

saari

ada

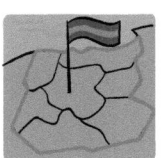

kansa

millət

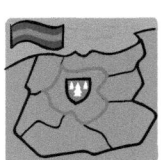

osavaltio

dövlət

kellotaulu

siferblat

tuntiviisari

saat əqrəbi

minuuttiviisari

dəqiqə əqrəbi

sekuntiviisari

saniyə əqrəbi

Paljonko kello on?

Saat neçədir?

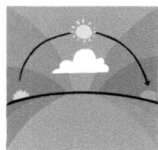

päivä

gün

aika

vaxt

nyt

indi

digitaalikello

rəqəmsal saat

minuutti

dəqiqə

tunti

saat

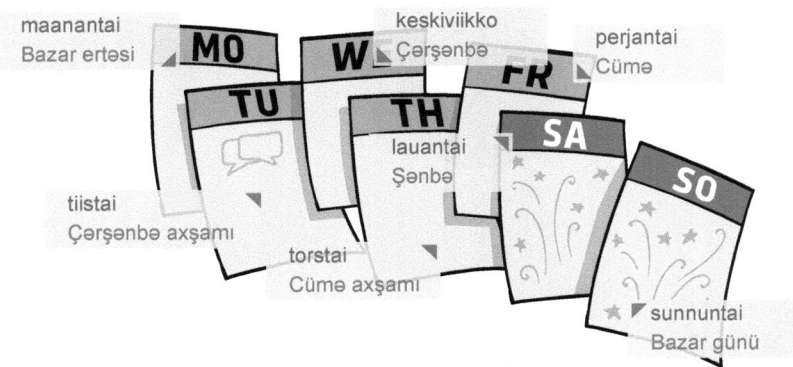

maanantai
Bazar ertəsi

keskiviikko
Çərşənbə

perjantai
Cümə

lauantai
Şənbə

tiistai
Çərşənbə axşamı

torstai
Cümə axşamı

sunnuntai
Bazar günü

eilen

dünən

tänään

bugün

huomenna

sabah

aamu

səhər

keskipäivä

günorta

ilta

axşam

MO	TU	WE	TH	FR	SA	SU
1	2	3	4	5	6	7
8	9	10	11	12	13	14
15	16	17	18	19	20	21
22	23	24	25	26	27	28
29	30	31	1	2	3	4

työpäivät

iş günü

MO	TU	WE	TH	FR	SA	SU
1	2	3	4	5	6	7
8	9	10	11	12	13	14
15	16	17	18	19	20	21
22	23	24	25	26	27	28
29	30	31	1	2	3	4

viikonloppu

həftə sonu

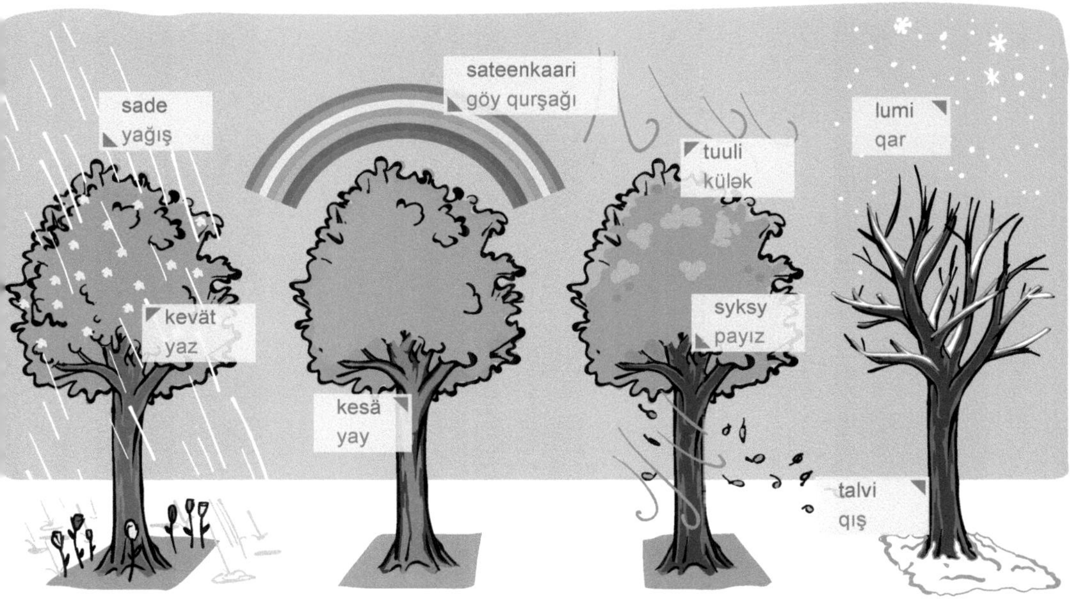

sade
yağış
sateenkaari
göy qurşağı
lumi
qar
tuuli
külək
kevät
yaz
syksy
payız
kesä
yay
talvi
qış

4.APRIL 11°
5.APRIL 4°
6.APRIL 13°
7.APRIL 8°
8.APRIL 10°

sääennuste

hava proqnozu

F C
120 40
90 30
60 20
30 10
0 0
-30 -10
-20

lämpömittari

termometr

auringonpaiste

günəş işığı

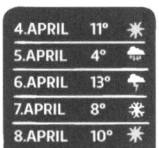

pilvi

bulud

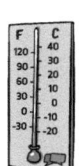

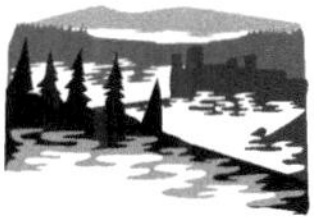

sumu

duman

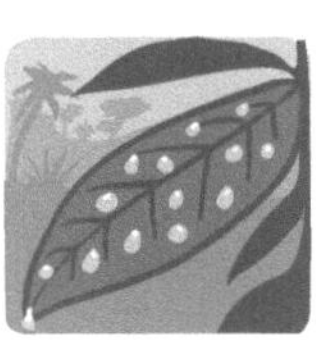

ilmankosteus

rütubət

salama
ildırım

ukkonen
göy gurultusu

myrsky
fırtına

rae
dolu

monsuuni
musson

tulva
daşqın

jää
buz

tammikuu
yanvar

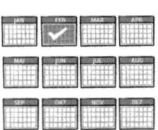

helmikuu
fevral

maaliskuu
mart

huhtikuu
aprel

toukokuu
may

kesäkuu
iyun

heinäkuu
iyul

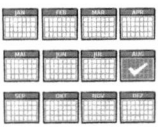

elokuu
avqust

syyskuu
....
sentyabr

lokakuu
....
oktyabr

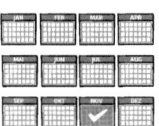

marraskuu
....
noyabr

joulukuu
....
dekabr

muodot
formalar

ympyrä
....
dairə

neliö
....
kvadrat

suorakulmio
....
düzbucaqlı

kolmio
....
üçbucaq

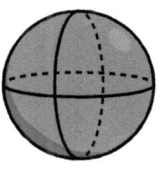

pallo
....
kürə

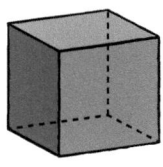

kuutio
....
kub

valkoinen

ağ

keltainen

sarı

oranssi

narıncı

vaaleanpunainen

çəhrayı

punainen

qırmızı

violetti

bənövşəyi

sininen

mavi

vihreä

yaşıl

ruskea

palıdı

harmaa

boz

musta

qara

paljon / vähän

çox / az

vihainen / ystävällinen

qeyzli / sakit

kaunis / ruma

yaraşıqlı / eybəcər

alku / loppu

başlanğıc / son

suuri / pieni

böyük / kiçik

vaalea / tumma

işıqlı / qaranlıq

veli / sisko

qardaş / bacı

puhdas / likainen

təmiz / kirli

täydellinen / epätäydellinen

tam / natamam

päivä / yö

gündüz / gecə

kuollut / elävä

ölü / diri

leveä / kapea

geniş / dar

syötävä / syömäkelvoton

yemeli / yeyilməyən

paha / kiltti

hirsli / mehriban

innostunut / tylsistynyt

həyəcanlı / bezmiş

lihava / laiha

kök / arıq

ensimmäinen / viimeinen

ilk / son

ystävä / vihollinen

dost / düşmən

täysi / tyhjä

dolu / boş

kova / pehmeä

sərt / yumşaq

painava / kevyt

ağır / yüngül

nälkä / jano

aclıq / susuzluq

sairas / terve

xəstə / sağlam

laiton / laillinen

qanunsuz / qanuni

älykäs / tyhmä

ağıllı / axmaq

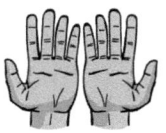

vasen / oikea

sol / sağ

lähellä / kaukana

yaxın / uzaq

uusi / käytetty

yeni / istifadə edilmiş

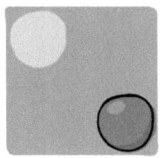

ei mitään / jotain

heç bir şey / bir şey

vanha / nuori

qoca / gənc

päällä / pois päältä

açma / bağlama

auki / kiinni

açıq / bağlı

hiljainen / äänekäs

sakit/ bərk

rikas / köyhä

varlı / kasıb

oikein / väärin

düzgün / səhv

karhea / sileä

kobud / hamar

surullinen / iloinen

kədərli / xoşbəxt

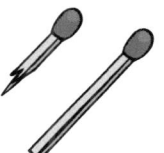

lyhyt / pitkä

qısa / uzun

hidas / nopea

yavaş / sürətli

märkä / kuiva

yaş / quru

lämmin / viileä

isti / sərin

sota / rauha

müharibə / sülh

0

nolla

sıfır

1

yksi

bir

2

kaksi

iki

3

kolme

üç

4

neljä

dörd

5

viisi

beş

6

kuusi

altı

7

seitsemän

yeddi

8

kahdeksan

səkkiz

9

yhdeksän

doqquz

10

kymmenen

on

11

yksitoista

on bir

12

kaksitoista

on iki

13

kolmetoista

on üç

14

neljätoista

on dörd

15

viisitoista

on beş

16

kuusitoista

on altı

17

seitsemäntoista

on yeddi

18

kahdeksantoista

on səkkiz

19

yhdeksäntoista

on doqquz

20

kaksikymmentä

iyirmi

100

sata

yüz

1.000

tuhat

min

1.000.000

miljoona

milyon

englanti

İngilis dili

amerikanenglanti

İngilis dilinin amerikan
variantı

mandariinikiina

Çin dilinin Mandarin dialekti

hindi

Hind dili

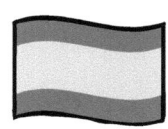

espanja

İspan dili

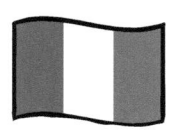

ranska

Fransız dili

arabia

Ərəb dili

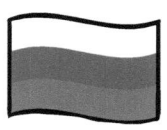

venäjä

Rus dili

portugali

Portuqal dili

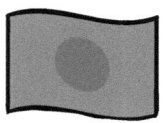

bengali

Benqal dili

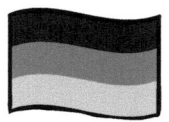

saksa

Alman dili

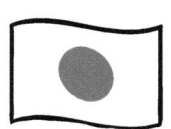

japani

Yapon dili

minä

mən

sinä

sən

hän

o / o / o

me

biz

te

siz

he

onlar

kuka?

kim?

mitä / mikä?

nə?

miten?

necə?

missä?

harada?

milloin?

nə zaman?

nimi

ad

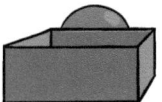

takana

arxadan

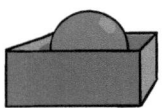

sisällä

içində

edessä

qarşısında

yläpuolella

üzərində

päällä

dair

alapuolella

altında

vieressä

yanaşı

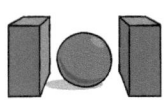

välissä

arasında

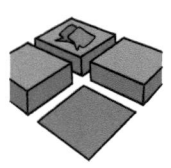

paikka

yer